AF456923

DE

L'ÉPICURISME,

CONSIDÉRÉ

DANS LES SCIENCES PHYSIOLOGIQUES ET MÉDICALES.

DE
L'ÉPICURISME,

CONSIDÉRÉ

DANS LES SCIENCES PHYSIOLOGIQUES ET MÉDICALES;

ESSAI

Pour servir à l'Histoire de la Médecine du 18e siècle;

PAR UN MÉDECIN.

Medici nobiliores animos non nihil erigant....
Baco, *Hist. vitæ et mortis.*

A PARIS,
Chez GABON, Libraire, place de l'École-de-Médecine, n° 2.

1817.

DE L'IMPRIMERIE DE FEUGUERAY,
rue du Cloître Saint-Benoît, n° 4.

DE

L'ÉPICURISME,

CONSIDÉRÉ

DANS LES SCIENCES PHYSIOLOGIQUES ET MÉDICALES.

CHAPITRE Ier.

Parallèle du Système d'Épicure et de la Philosophie moderne des Sciences physiologiques et médicales.

COMME les alimens de première nécessité, les vérités primitives sont communes et en petit nombre, parce qu'il entre dans les vues de la providence de les rendre d'une acquisition facile, et de les mettre à la portée de tous les hommes.

Si le nombre des vérités fondamentales est borné, celui des erreurs qui leur sont opposées doit l'être également. Faut-il donc s'étonner que depuis l'origine du monde les hommes, lorsqu'ils se sont égarés dans leurs pensées, n'aient fait que parcourir périodiquement le cercle des mêmes erreurs ?

C'est ainsi que, dans l'antiquité, Epicure

ayant réduit en corps de doctrine les erreurs opposées aux dogmes universels de l'existence d'une cause première intelligente et de l'immatérialité de l'âme, les sophistes modernes, après plus de deux mille ans, n'ont eu d'autre ressource que celle de renouveler le même système, pour l'opposer aux mêmes vérités.

L'épicurisme reproduit, au 18e siècle, par une secte entrêprênante, n'a pas seulement pénétré dans tous les états et dans tous les rangs de la société ; il n'a pas seulement envahi le domaine des sciences morales ; il s'est encore retranché dans celui des sciences physiques, et c'est là qu'il se croit inexpugnable.

Les points fondamentaux de la philosophie d'*Epicure* sont l'athéisme, le fatalisme et le matérialisme ; or, nous allons démontrer que ces mêmes principes composent le fond de la philosophie moderne des sciences physiologiques et médicales. Pour éviter de multiplier les citations, nous nous bornerons à choisir nos preuves dans les *Rapports du physique et du moral de l'homme* (1). Cet ouvrage où l'épi-

---

(1) Par P. J. G. Cabanis, membre du Sénat et de l'Institut national, professeur de l'Ecole de Médecine de Paris, membre de la Société philosophique de Philadelphie, etc.; seconde édition, Paris, an XIII = 1805; 2 vol. in-8°.

curisme moderne est coordonné de la manière la plus systématique, est celui qui pourra le mieux représenter l'esprit dominant du siècle. Nous allons le mettre en parallèle avec le système propre d'*Epicure*.

§ Ier. *Athéisme d'Epicure ; Athéisme de l'Auteur des* Rapports du physique et du moral, etc.

Les sentimens religieux sont si naturels à l'homme, que l'athéisme, dans les sociétés policées, a toujours inspiré une secrète horreur, et a même souvent excité l'indignation publique. Aussi *Epicure*, qui savait flatter pour séduire, ménagea en apparence les notions populaires sur la Divinité, tandis que, dans le fond, il établissait l'athéisme le plus grossier (1).

Il eut l'air d'admettre des dieux matériels, condamnés à l'oisiveté de toute éternité, étran-

---

(1) *Cicéron* fait ainsi parler l'académicien *Cotta* : « *Possidius*, notre ami commun, a bien découvert le but du système d'*Epicure* lorsqu'il a montré, dans son cinquième livre *De la Nature des Dieux*, qu'*Epicure* ne croyait point de dieux, et que tout ce qu'il en disait n'était que pour se dérober à l'indignation du public. » (*De la Nature des Dieux*, livre I, traduct. de l'abbé d'Olivet, t. I, p. 155.)

gers à la formation et à la conservation de l'univers, indifférens aux actions des hommes; ce qui, dans son système, ne devait les faire considérer que comme un hors-d'œuvre; c'est pourquoi il les reléguait dans une région de sa création qu'il appelait *les intermondes* (1).

« Mais quand *Epicure* a représenté ainsi les » dieux, dit l'académicien *Cotta*, il n'a voulu » que conserver le mot, en supprimant la réa- » lité (2). »

L'athéisme d'Epicure ne saurait être un problême (3); il niait l'existence d'une cause première intelligente et d'une providence.

« L'auteur de tout ce que nous savons nous » enseigne (dit l'épicurien Velléius) (4) » que le monde est l'ouvrage de la nature;

---

(1) *Confer.* Brucker, *historia.*, *critic. philosoph.*, t. 1, p. 1294; et l'abbé d'Olivet, *Théologie des philosophes grecs*, t. 1 de sa traduction *De la Nature des Dieux*, p. 290.

(2) Cicéron, ouvrage cité, t. 1, p. 156.

(3) *Voyez*, sur l'athéisme d'Epicure, l'opinion affirmative des auteurs cités par *Brucker*. (*Histor. critic. philosoph.*, t. 1, p. 1284.)

(4) Cicéron, ouvrage cité, t. 1, p. 90.

» vous le regardez ce monde comme un chef-
» d'œuvre si difficile, qu'il fallait absolument
» une main divine pour y réussir, et cepen-
» dant il a coûté si peu à la nature, qu'elle
» fera encore, a déjà fait, et même fait à toute
» heure une infinité de mondes. Parce que vous
» ne concevez pas qu'elle ait ce pouvoir si elle
» n'est guidée par quelque intelligence, vous
» avez recours à un dieu, comme les poètes
» tragiques pour trouver un dénouement.
» Mais vous jugeriez que c'est un aide inutile
» si vous aviez devant les yeux cette prodi-
» gieuse étendue de régions où l'esprit peut,
» à son gré, se promener de toutes parts sans
» rencontrer un terme qui borne sa vue, ré-
» gions immenses en largeur, en longueur,
» en profondeur, où voltigent sans cesse une
» infinité d'atomes qui, à travers le vide, s'ap-
» prochent les uns des autres, s'attachent,
» et, par leur union, forment ces différens
» corps que vous croyez ne pouvoir être faits
» qu'avec des soufflets et des enclumes. Vous
» nous mettez aussi sur la tête un maître éter-
» nel dont nous devrions jour et nuit avoir
» peur ; car le moyen de ne pas craindre un
» dieu qui prévoit tout, qui pense à tout, qui
» remarque tout, qui croit que tout le regarde,
» qui veut se mêler de tout, qui n'est jamais

» sans affaire ? Pour nous, exempts de toutes
» ces terreurs, et mis en liberté par *Epicure*,
» nous ne craignons point les dieux, parce que
» nous savons qu'ils évitent toute occasion de cha-
» grin, et ne cherchent à inquiéter personne ».

Lucrèce, dans une invocation à Epicure, proclamant la doctrine de ce philosophe, s'est exprimé dans le même sens : « Du sein de la
» sagesse, tu nous cries que l'univers n'est
» point l'ouvrage des dieux; aussitôt les ter-
» reurs de la superstition s'évanouissent, les
» bornes du monde disparaissent, je vois l'uni-
» vers se former au milieu du vide (1). »

Nous avons vu, par l'exposition des principes de l'épicurien *Velléius*, que son maître attribuait la formation de l'univers aux mouvemens, à la combinaison des atomes, et reconnaissait la nature pour la cause première du monde. L'auteur des *Rapports du physique et du moral de l'homme* établit en principe, « Que
» tous les phénomènes de l'univers sont et se-
» ront toujours la conséquence des propriétés
» de la matière ou des lois qui régissent tous
» les êtres; et que c'est par ces propriétés et

(1) *Lucretius, de rerum Naturâ, lib.* III, traduct. de Lagrange, t. I, p. 219.

» par ces lois que la cause première se mani-
» feste à nous (1). »

Ainsi le premier attribue aux propriétés des atomes les effets que le second rapporte aux propriétés de la matière, ou aux lois qui régissent tous les êtres : ces propriétés et ces lois sont, pour le philosophe moderne, la manifestation de la cause première que le philosophe grec nomme la *nature*. L'un et l'autre ne reconnaissent aucune puissance hors du monde matériel.

Après avoir placé dans l'énergie propre de la matière la raison suffisante de la formation du monde et des phénomènes de l'univers, les Epicuriens anciens et modernes, pour être conséquens dans l'enchaînement de leurs principes, n'ont pas manqué de rapporter aussi exclusivement à la même énergie de cette matière brute la formation de l'homme, des grands animaux et de tous les êtres organisés. Le Tout-Puissant avait été inutile pour créer et ordonner les mondes; ces philosophes sauront bien encore se passer de lui pour donner l'existence à l'être qui pense, l'organisation et la vie à tout ce qui sent et se meut sur la terre.

---

(1) Rapports du physique et du moral, etc., t. II, p. 309 (note).

Dans l'exposition qu'il fait de la philosophie d'*Epicure*, *Lucrèce* dit : « Hélas ! ne
» voyons-nous pas les rides de la vieillesse déjà
» gravées sur ce vaste corps ? La terre épuisée
» n'enfante plus qu'avec peine de chétifs ani-
» maux, elle dont le sein fécond créa jadis
» toutes les espèces vivantes, et construisit les
» flancs robustes des bêtes féroces. Car je ne
» croirai pas qu'une chaîne d'or ait descendu
» les animaux, du ciel, dans nos plaines, ni
» qu'ils aient été produits par les flots qui se
» brisent contre les rochers. La même terre
» qui les nourrit aujourd'hui leur donna la
» naissance autrefois. C'est elle qui créa pour
» les mortels, et qui leur offrit d'elle-même,
» les humides pâturages, les moissons jaunis-
» santes, et les rians vignobles. A peine accorde-
» t-elle aujourd'hui ces mêmes productions aux
» efforts de nos bras (1) ».

L'auteur des *Rapports* se montre fort disposé à adopter cette philosophie : « Demande-
» rait-on, dit-il, si l'homme et les grands ani-
» maux que nous ne voyons plus aujourd'hui
» se reproduire que par voie de génération
» ont pu, dans l'origine, être formés de la même

---

(1) *Lucret.*, *lib.* II, même traduct., t. I, p. 209.

» manière que des plantes à peine organisées et
» des ébauches grossières d'animalcules ? Nous
» l'ignorons absolument et nous l'ignorerons
» toujours. Le genre-humain n'a pu se procurer
» aucun renseignement exact touchant l'é-
» poque primitive de son existence; il ne lui
» est pas plus donné d'avoir des notions pré-
» cises relativement aux circonstances de sa
» formation, qu'à chaque individu en parti-
» culier de conserver le souvenir de celles de sa
» propre naissance; et il a bien fallu invoquer
» le secours d'une lumière surnaturelle pour
» persuader aux hommes ce qu'on devait croire
» à cet égard.

» Il est certain que les individus de la race
» humaine, les autres animaux les plus par-
» faits, et même les végétaux d'un ordre su-
» périeur, ne se forment plus maintenant sous
» nos yeux que par des moyens qui n'ont au-
» cun rapport avec cette organisation directe
» de la matière inerte; mais il ne s'ensuit point
» qu'ils ne puissent en effet être produits par
» d'autres voies, et qu'ils n'aient pu l'être ori-
» ginairement d'une manière analogue à celle
» qui, maintenant encore, amène au jour
» toutes ces espèces nouvelles d'animalcules
» ignorés; car, une fois doués de la puissance
» vitale, ces derniers, du moins plusieurs

» d'entre eux, se reproduisent aussi par voie » de génération.................. » .... *et peut être, à cet égard,* » *des idées plus justes que nous ne le pensons* » *étaient-elles présentes aux auteurs des* » Génèses *que l'antique Asie nous a trans-* » *mises, lorsqu'ils donnaient la terre pour* » *mère commune à toutes les natures ani-* » *mées qui s'agitent et vivent sur son* » *sein* (1). »

Cherchant même à appuyer cette hypothèse par les prétentions d'une physique erronée, le même auteur veut nous faire croire que la faculté que nous avons, suivant lui, de produire artificiellement et à volonté les animalcules microscopiques peut servir à dissiper les ténèbres qui couvrent la première origine des êtres vivans et organisés. Car il ajoute un peu plus loin : « Ces derniers êtres (les animalcules » microscopiques), productions ultérieures et » singulières qui n'appartiennent pas moins » en quelque sorte à l'art qu'à la nature, ne » semblent-ils pas en effet destinés à nos ex- » périences et à notre instruction, puisqu'on » peut les tirer à volonté du sein du néant, en » changeant les simples dispositions physiques

(1) Rapp. du physiq. et du moral, t. II, p. 504.

» ou chimiques des matières qui doivent les
» former? Et sans lever entièrement par là le
» voile de la nature, ne peut-on pas du moins
» porter un commencement de clarté dans ces
» ténèbres que les préjugés et le charlatanisme
» peuvent seuls vouloir s'efforcer d'épais-
» sir (1)? »

Il se présente ici un rapprochement assez intéressant : l'athéisme d'*Epicure* et de ses successeurs, dans les temps modernes, est essentiellement lié aux principes *idéologiques* qui leur sont communs; tant il est vrai que la faculté d'induction, l'un des plus beaux attributs de l'esprit humain, rend souvent l'erreur aussi conséquente que la vérité même.

Epicure, comme nos *idéologues*, plaçait uniquement dans nos sensations l'origine de nos connaissances; il établissait nos sens juges exclusifs de la réalité des choses. Ainsi, forcé de n'admettre que des substances corporelles, il devait rejeter les êtres spirituels, qui ne nous sont connus que par le sentiment intime et la réflexion : obligé par le même principe de ne rapporter les phénomènes de l'univers qu'à des causes matérielles, il ne devait pas moins né-

(1) Rapp. du physiq. et du moral, t. II, p. 309.

cessairement rejeter le dogme d'une cause première intelligente ou d'un dieu créateur (1).

L'auteur des *Rapports* n'est pas moins conséquent qu'*Epicure*, car il soutient : « Qu'il » n'existe pour nous de causes extérieures que » celles qui peuvent agir sur nos sens; et que » tout objet auquel nous ne saurions appliquer » notre faculté de sentir doit être exclu de » ceux de nos recherches (2). »

§ II. *Fatalisme d'Épicure ; Fatalisme de l'Auteur des* Rapports.

Dans un système qui n'expliquait le monde que par des causes matérielles, les idées d'ordre,

---

(1) *Epicurus rejiciebat principia invisibilia quorum nobis fidem sensus non faciunt, eaque pro nugis venditabat...... Cum itaque sensus judices constituisset, cuncta ad naturas corporeas reduci necessarium erat......... Ex quibus sequebatur Deum inter causas rerum naturalium efficientes, numerandum non esse.* (Brucker, *Histor. critic. philosoph.*, t. 1, p. 1282.) .... *Nec alias substantias noverat, quàm quæ essent corporeæ, sed ad causam etiam materialem, omnia revocabat, ejectâ doctrinâ de Deo, rerum conditore, quod disertè testatur.* Eusebius (*Præpar. Evangel.* lib. 1, cap. viii, p. 24. = *Apud* Brucker, *Oper. citat.*, t. 1, p. 1260.)

(2) Rapports du physique et du moral, t. 1, p. 42.

de dessein, de prévoyance qui supposent l'intelligence dans la puissance ordonnatrice, devinrent inadmissibles; dès-lors, pour trouver la raison des rapports des choses et de l'enchaînement des phénomènes, on ne put avoir recours qu'à la nécessité ou à la fatalité dont l'idée se lie assez naturellement à celle de l'action aveugle de la matière brute : c'est ainsi que le fatalisme devint la conséquence nécessaire de l'athéisme.

Ecoutons *Lucrèce* poursuivant l'exposition de la doctrine d'*Epicure* : « Mais d'où les » dieux ont-ils tiré, dit-il, le modèle de la créa- » tion de l'univers, et l'idée même de l'homme, » sans lesquels ils ne pouvaient concevoir » clairement le projet qu'ils voulaient exécuter ? » Qui leur a fait connaître les qualités des » atomes, et ce que peuvent leurs différentes » combinaisons, sinon la marche même de la » nature? Car, depuis une infinité de siècles, » les élémens innombrables de la matière, » frappés par des chocs étrangers, entraînés par » leur propre poids, se sont mus avec rapi- » dité, se sont assemblés de mille façons di- » verses, ont enfin tenté toutes les combinaisons » propres à former des êtres; de sorte qu'il » n'est pas surprenant qu'à la fin ils aient ren- » contré l'ordre et les mouvemens dont notre

» monde est le résultat, et qui le renouvellent » tous les jours (1). »

L'auteur des *Rapports* se montre un sectateur rigoureux de cette philosophie, lorsqu'il dit : « Dans toute hypothèse d'un mouvement im- » primé à des masses de matière, on sent qu'il » doit s'établir un ordre et des rapports réguliers » entre ces masses et même entre leurs parti- » cules intégrantes les plus déliées, ordre et » rapports que la nature du mouvement dé- » termine et nécessite. Mais on sent aussi que » cette espèce d'harmonie doit se perfectionner » graduellement par la seule persistance du » mouvement dont elle est l'ouvrage; car, à » chaque retour périodique des mêmes circons- » tances, les effets qui leur sont propres ne » peuvent manquer de devenir, s'il m'est permis » de parler ainsi, plus corrects, et chaque » portion de matière se rapprocher de plus en » plus de l'état précis auquel la nature du » mouvement tend à l'amener (2). » Et ailleurs le même auteur reproduit ainsi son fatalisme : « Dans le système de l'univers, » toutes les parties se rapportent les unes aux

(1) *Lucret.*, lib. v, même traduct., t. II, p. 161.

(2) Rapp. du physiq. et du moral, t. I, p. 496.

» autres; tous les mouvemens sont coordonnés;
» tous les phénomènes s'enchaînent, se balan-
» cent, ou se nécessitent mutuellement......
» ... Il est aisé de voir que l'ordre actuel n'est
» pas, à la vérité, le seul possible; mais qu'un
» ordre quelconque est nécessaire dans toute
» hypothèse d'une masse de matière en mou-
» vement. En effet, quand on n'y supposerait
» que des parties incohérentes ou sans rapports,
» et des mouvemens désordonnés, ou même
» contraires les uns aux autres, le mouvement
» prédominant, ou celui qui devient tel par
» le concours de plusieurs, doit bientôt les as-
» servir, les coordonner tous; et les parties de
» matière qui résisteraient à la marche qu'il
» leur imprime, seront ou dénaturées entière-
» ment pour subir une transformation com-
» plète, ou du moins modifiées dans leurs points
» de résistance, jusqu'à ce qu'elles se trouvent
» en harmonie avec l'ensemble, et propres à
» remplir le rôle qui leur est assigné. Que si
» toute cette matière était parfaitement et cons-
» tamment homogène, je veux dire si toutes
» ses parties n'avaient qu'une seule propriété
» et ne pouvaient en acquérir aucune autre
» par le mouvement, on peut juger qu'il ne
» s'établirait entre ces diverses parties que des
» rapports purement mécaniques ou de situation.

» Mais si, au contraire, la matière est douée » de plusieurs propriétés différentes; si, de » plus, elle est susceptible d'en acquérir un » grand nombre d'autres entièrement nou- » velles, par l'effet des combinaisons posté- » rieures que le mouvement doit toujours ame- » ner, de là naîtront nécessairement des phé- » nomènes aussi réguliers qu'innombrables; et » la nature du mouvement ou des mouvemens, » ainsi que les propriétés de la matière elle- » même, étant une fois déterminées, *on voit* » *clairement que tous les phénomènes doivent* » *être produits et s'enchaîner dans un certain* » *ordre, par une nécessité non moins pres-* » *sante que celle qui force un corps grave à* » *suivre les lois de la pesanteur* (1). »

Par cette nouvelle comparaison des principes d'*Epicure* avec ceux de l'auteur des *Rapports*, l'on reconnaît que, quoiqu'il entre du hasard dans le système propre d'*Epicure*, les Epicuriens anciens et modernes s'accordent toujours en ce point, qu'ils ne considèrent *l'ordre de l'univers* que comme le résultat nécessaire du système des mouvemens essentiels à la matière; et qu'ainsi cette expression d'*ordre* est pour eux privée de toute idée d'intelligence, de choix

(1) Rapp. du phys. et du moral, t. II, p. 487.

et de prévoyance de la part de la cause première (1).

Après avoir exposé le fatalisme des Epicuriens relativement à la nature physique universelle, il convient de le considérer dans ses rapports avec les phénomènes de l'organisation et de la vie.

L'énergie propre de la matière avait ordonné les mondes, et elle avait suffi pour produire les êtres animés : tout était *nécessaire* dans le système universel de la nature physique ; tout devait l'être dans l'économie des natures vivantes et organisées.

Il n'appartient qu'à une intelligence de disposer ses moyens pour les fins qu'elle se propose ; mais, dans le système d'*Epicure*, des forces brutes ne pouvaient agir que par hasard ou par nécessité ; la prévoyance dirige les déterminations de la première, et ses instrumens sont *préétablis* pour des résultats *préconçus* : une impulsion aveugle, au contraire, devait entraîner l'action des secondes, et leurs effets devaient être toujours *adventifs*, parce qu'ils sont toujours *nécessaires*. Si la loi des conve-

---

(1) Le hasard d'*Epicure* n'est pas un choix, mais une nécessité aveugle. CLARKE, quatrième réplique : *Recueil de diverses Pièces* par Desmaiseaux, t. 1, p. 74.

nances, en un mot, est la règle de l'intelligence, la fatalité devait être l'âme d'un monde où la matière seule donne et reçoit la loi.

Ces principes du système de la fatalité appliqués à la considération des lois de l'organisme vont nous paraître bien étranges; nous les prendrons peut-être, suivant une expression de *Cicéron*, pour les rêves d'hommes en délire (1); mais rappelons-nous ce que nous avons déjà fait observer, que l'erreur est souvent aussi conséquente que la vérité même, et notre étonnement cessera.

Dans ce système, où les effets sont nécessaires parce que les causes y sont aveugles et privées d'intelligence, l'on ne doit trouver ni prévoyance, ni ordre, ni dessein, ni convenances dans l'organisation des êtres vivans; l'on doit établir en principe, que les organes ne sont point disposés convenablement pour les fonctions auxquelles ils se rapportent; mais plutôt que les fonctions et les facultés dépendant de l'organisation, ce sont les organes qui déterminent *nécessairement* les facultés et les fonctions; ou, en d'autres termes, que nous n'avons

---

(1) *Exposui ferè, non philosophorum judicia, sed delirantium somnia.* (Cic., *de Nat. Deor.*, lib. I, cap. XVI.)

pas nos organes pour en faire usage, mais que nous en faisons usage parce que nous les avons.

C'est ainsi qu'*Epicure* soutient que les parties des animaux n'ont point reçu, dans l'origine des choses, cette forme et cette structure que nous leur connaissons pour les usages auxquels elles s'appliquent; mais que, parce qu'il arriva qu'elles furent faites ainsi, elles durent naturellement acquérir ces usages plutôt que d'autres. Ainsi donc les yeux n'ont point été faits pour voir, ni les oreilles pour entendre, ni la langue pour parler, ni les mains pour travailler, ni les pieds pour marcher, parce que ces organes étaient, avant les fonctions de voir, d'entendre, de parler, de travailler, de marcher; mais ces fonctions sont dérivées des organes déja formés (1). Et c'est ce que *Lucrèce* a ex-

---

(1) .... *Ex hisce autem sequitur, ut partes animalium non fuerint ab usque initio, eo, quo sunt, modo conformatæ, propter fines, ususve illos, quos habere deprehenduntur; verùm, quia contigit partes eo, quo sunt modo fieri, aut existere; ideò hos-ce usus, potiùs quàm alios obtinuêre.... Hìnc neque fuêre oculi, ad videndum, facti, neque aures ad audiendum, neque lingua ad loquendum, neque manus ad operandum, neque pedes ad ambulandum; quoniam membra hæc*

primé en disant : « Mais, avant tout, ô Memmius! mettez-vous en garde contre une erreur
» trop commune : ne croyez pas que la brillante
» orbite de nos yeux ait été arrondie pour nous
» procurer la vue des objets; que ces jambes et
» ces cuisses mobiles aient été élevées sur la
» base des pieds pour donner plus d'étendue
» à nos pas; que les bras enfin aient été formés
» de muscles solides, et terminés par les mains,
» à droite et à gauche, pour être les ministres
» de nos besoins et de notre conservation. Par
» de pareilles interprétations, on a renversé
» l'ordre respectif des effets et des causes. Nos
» membres n'ont point été faits pour notre
» usage; mais on s'en est servi parce qu'on les
» a trouvés faits. La vue n'a point précédé les
» yeux; la parole n'a point été formée avant la
» langue; au contraire, le langage a suivi de
» bien loin la naissance de l'organe; les oreilles
» existaient long temps avant qu'on entendît
» des sons; et tous nos membres long-temps
» avant qu'on en fît usage : ce n'est donc

---

priùs nata sunt quàm esset videre, audire, loqui, operari, ambulare; sed ipsorum officia extitêre ex natis. (GASSENDI, *Opera*, t. III. *Philosophiæ Epicuri syntagma*, p. 39.)

» pas la vue de nos besoins qui les a fait » naître (1). »

L'auteur des *Rapports* établit les mêmes principes, quoiqu'il les exprime d'une manière plus vague; il dit: « Les observateurs de la nature, » qui n'ont pas toujours été des raisonneurs » bien sévères, et dont il est d'ailleurs si simple » que l'imagination soit frappée et subjuguée » par la grandeur du spectacle qu'ils ont sous » les yeux; les observateurs n'ont pas eu de » peine à remarquer cette correspondance par» faite des facultés et des fonctions, ou, selon » leur langage, des moyens et du but coordon» nés avec intention, dans un sage dessein. Ils » se sont attachés à la montrer dans des ta» bleaux auxquels l'éloquence et la poésie ve» naient si naturellement prêter tout leur » charme. Mais une seule réflexion suffit pour » rendre encore ici la cause finale beaucoup » moins frappante; c'est que les fonctions et » les facultés dépendent également de l'orga» nisation; et découlant de la même source, il » faut bien absolument qu'elles soient liées par » d'étroits rapports. Les finalistes seront donc » obligés de remonter plus haut; ils s'en pren» dront aux merveilles de l'organisation elle-

---

(1) *Lucret.*, lib. IV, même traduct., t. II, p. 86, 87.

» même; mais, sur ce dernier point, une logi- » que sévère ne peut pas davantage s'accom- » moder de leurs suppositions. Les merveilles » de la nature en général, et celles en par- » ticulier qui sont relatives à la structure et » aux fonctions des animaux, méritent bien » sans doute l'admiration des esprits réfléchis; » mais elles sont toutes dans les faits; on peut » les y reconnaître, on peut même les célébrer » avec toute la magnificence du langage, sans » être forcé d'admettre dans les causes rien » d'étranger aux conditions nécessaires de cha- » que existence (1). »

En dégageant ces principes de l'auteur des *Rapports*, des idées abstraites dont il les enveloppe, il est facile de les réduire aux expressions qui sont propres au fatalisme d'*Epicure*. Et d'abord il ne veut avoir rien de commun avec *ceux qui reconnaissent dans les facultés et les fonctions, des moyens et un but coordonnés avec intention, dans un sage dessein*. *Epicure* et *Lucrèce* avaient dit que *ce n'est pas la vue de nos besoins qui a fait naître nos organes; que les yeux n'ont point été faits pour voir, ni les oreilles pour entendre*, etc.

---

(1) Rapp. du phys. et du moral, t. 1, p. 363, 365.

Il établit ensuite que *les fonctions et les facultés dépendent de l'organisation*, comme *Epicure, qui fait dériver les fonctions des organes déjà formés*. Il considère les merveilles de la nature relatives à la structure et aux fonctions des animaux, comme *étant toutes dans les faits*, c'est-à-dire, comme étant nécessairement ce qu'elles sont. Il dit enfin que, dans des considérations de cet ordre, *on n'est pas forcé d'admettre dans les causes rien d'étranger aux conditions nécessaires de chaque existence;* c'est-à-dire qu'il faut se borner à regarder les organes *comme les conditions nécessaires* des fonctions, pour éviter de reconnaître des causes morales qui supposent un dessein et une intelligence dans l'emploi des moyens appliqués à des fins prévues. Il oppose, en un mot, comme *Epicure*, dans les lois de l'organisme, le système de la fatalité à celui des causes finales.

§ III. *Matérialisme d'Épicure; Matérialisme de l'Auteur des* Rapports.

L'athéisme, comme nous l'avons vu, est un matérialisme universel, c'est-à-dire que, dans ce système, les propriétés de la matière sont le premier principe de tous les phénomènes et de toutes les existences : tout dans l'univers, disait *Epicure*, n'est que matière ou vide ; une troisième nature est inconcevable. *Universum ex corpore et inani constat, neque enim tertia natura concipi mente prœtereà potest* (1).

Appliquée aux lois du *Microcosme* ou du petit monde (2), cette erreur a dû forcer les Epicuriens à n'admettre dans la nature humaine qu'un seul et même principe matériel pour tous les phénomènes, soit physiques, soit moraux ; dès-lors le matérialisme proprement dit n'a fait qu'un corps avec l'athéisme. Le moyen d'adopter une autre conséquence, lorsqu'on ne voulait absolument reconnaître d'autre existence que celle des objets qui tombaient sous les sens (3)? Refusant ainsi de descendre, à l'aide de la réflexion, dans l'intérieur de la conscience intime qui peut seule nous donner la connaissance de l'être pensant, on se privait

---

(1) BRUCKER, *Oper. cit.*, t. 1, p. 1260.

(2) C'est le nom que quelques anciens philosophes donnaient à l'homme, qu'ils considéraient comme l'abrégé du grand monde ou du *macrocosme*.

(3) *Rejiciebat Epicurus principia invisibilia quorum nobisfid em sensus non faciunt.* (BRUCKER, *Oper. cit.* t. 1, p. 1283.)

des moyens de s'assurer de l'existence des esprits, et de reconnaître, dans la pensée de ce *moi* toujours *un*, toujours *simple*, toujours *indivisible*, l'essence de l'*âme* qui répugne si éminemment à l'idée de l'*étendue matérielle*, toujours *multiple*, toujours *composée* et toujours *divisible*.

Les Epicuriens, une fois dominés par ces préventions, n'ont pu éviter de donner une fausse interprétation aux faits qui établissent *les rapports du physique et du moral de l'homme*. Par une suite de leur doctrine *idéologique*, ils rejetaient l'idée de toute substance qui n'est point matière; et leur système de la fatalité leur faisait de plus considérer les organes comme les conditions matérielles qui déterminent les fonctions par une nécessité absolue. Comment, avec ces préjugés, auraient-ils pu reconnaître, dans la nature humaine, l'union d'un principe spirituel avec la matière vivante, et distinguer, dans les opérations de l'âme, les instrumens corporels sujets aux infirmités, à la maladie et à la mort, d'avec l'être pensant, simple, immatériel, et partant inaltérable, qui les fait servir à l'exercice de ses fonctions? Ce n'est pas dans l'épicurisme que l'on pouvait rencontrer cette heureuse et noble expression:

l'homme est une intelligence servie par des organes (1).

Dans une philosophie où le matérialisme établi *a priori* par l'esprit de système forçait, pour ainsi dire, la théorie des faits, il devint nécessaire que l'observation qui démontre l'action réciproque du moral sur le physique, et du physique sur le moral, fît confondre ces deux ordres de phénomènes en un principe unique qui ne pouvait être que cette même matière, hors de laquelle on ne reconnaissait aucune existence; il fallut, en un mot, que l'âme fût de la nature du corps.

C'est ainsi que les Epicuriens anciens et modernes, arrivés, par un cercle vicieux, au bout de leur système, se sont retrouvés au même point d'où ils étaient partis.

Ecoutons *Lucrèce* exposant cette partie de la doctrine d'*Epicure* : « Etablissons d'abord, dit-il,
» que l'esprit humain, ce principe de nos ac-
» tions auquel nous donnons souvent le nom
» d'*intelligence*, est une partie de nos corps
» aussi réelle que les mains, les pieds et les
» yeux (2)..................................
.... Quand l'esprit est saisi d'une

---

(1) M. *de Bonald*, Législation primitive, t. 1, p. 175.

(2) *Lucret.*, lib. III, même trad., t. 1, p. 225.

» crainte violente, dit il ailleurs, nous voyons
» aussitôt l'âme entière y prendre part, le corps
» se couvrir de sueur et de pâleur, la langue
» bégayer, la voix s'éteindre, la vue se trou-
» bler, les oreilles tinter, les membres s'af-
» faisser, et souvent le trépas est la suite de ces
» terreurs soudaines..... De cette expérience,
» vous pouvez conclure que l'esprit et l'âme
» sont d'une nature corporelle; car s'ils font
» mouvoir nos membres, s'ils nous arrachent
» des bras du sommeil, s'ils altèrent la couleur
» du visage et gouvernent à leur gré l'homme
» entier, comme ces opérations supposent un
» contact, et le contact une substance corporelle,
» vous ne pouvez refuser à l'esprit et à l'âme la
» nature de la matière.

» D'ailleurs, ne voyez-vous pas l'âme par-
» tager les fonctions du corps et les impressions
» qu'il reçoit? Si le coup n'est point mortel, si
» le choc n'endommage point les os et le tissu
» des nerfs, il en résulte néanmoins une dé-
» faillance générale, un doux abandon des mem-
» bres, une pente délicieuse à tomber, suivie
» d'efforts combattus par une volonté indécise
» de se relever. La nature de l'âme est donc cor-
» porelle, puisque nous lui voyons éprouver
» toutes les impressions du corps (1). »

(1) *Lucret*, lib. III, même trad., t. I, p. 231, 233.

Poussant ensuite ses principes jusqu'à leur dernière conséquence, il ajoute : « Nous voyons » l'âme naître avec le corps, croître et vieillir » avec lui ; dans l'enfance, une machine frêle » et délicate sert de berceau à un esprit aussi » faible qu'elle. L'âge, en fortifiant les mem- » bres, mûrit aussi l'intelligence et aug- » mente la vigueur de l'âme. Ensuite, quand » l'effort puissant des années a courbé le » corps, émoussé les organes et épuisé les » forces, le jugement chancelle et l'esprit s'em- » barrasse comme la langue ; enfin, tous les » ressorts de la machine manquent à-la-fois. » N'est-il pas naturel que l'âme se décompose » alors, et se dissipe comme une fumée dans les » airs, puisque nous la voyons, comme le corps, » naître, s'accroître, et succomber à la fatigue » des ans?

» Ajoutez que l'esprit étant tourmenté par » les soucis, la tristesse et l'effroi, comme le » corps par la douleur et la maladie, doit » comme lui participer à la mort.

» Ne voyons-nous pas même souvent dans » les maladies du corps, la raison s'égarer, la » démence et le délire s'emparer de l'âme ? » Quelquefois une violente léthargie la plonge » dans un assoupissement profond et éternel.. » ...... Puisque la contagion du mal gagne

» ainsi l'âme, doutez-vous qu'elle ne soit aussi
» sujette à la dissolution ?......

» Enfin, lorsque le vin, cette liqueur active,
» s'est rendu maître de l'homme et a fait cou-
» ler son feu dans ses veines brûlantes, pour-
» quoi ses membres sont-ils pesans, sa démarche
» incertaine, ses pas chancelans, sa langue
» embarrassée, son âme noyée, ses yeux flot-
» tans? pourquoi ces clameurs, ces hoquets
» impurs, ces querelles et ces disputes, enfin
» tous les désordres que l'ivresse traîne à sa
» suite? Que signifient-ils, sinon que la force
» du vin attaque l'âme elle-même au fond de
» nos corps? Or, toute substance qui peut être
» troublée et altérée sera nécessairement dé-
» truite et privée de l'immortalité, si l'on sup-
» pose une cause plus forte à l'action de la-
» quelle elle soit exposée.......

» Je le répète donc : après la dissolution de
» l'enveloppe corporelle et l'expiration du
» souffle vital, il faut que le sentiment s'éteigne
» dans l'âme, puisque ce sont deux effets soumis
» à la même cause (1) ».

L'auteur des Rapports explique les mêmes faits par les mêmes principes; il traite dans divers mémoires de l'influence des âges, des

(1) *Lucret.*, lib. III, même trad., t. I, p. 257, 259, 267.

sexes, des tempéramens, des maladies, sur la formation des idées et des affections morales; de celle du régime, des climats, sur les dispositions et les habitudes morales ; et enfin de l'influence du moral sur le physique. C'est l'ensemble des faits relatifs à ces divers sujets qu'il accommode à son matérialisme. Nous allons donner une idée de sa théorie par ses propres expressions.

Dans sa préface, il dit : « Qu'une philoso-» phie plus sûre que celle qui régnait avant » *Locke* a retrouvé la source première de » toutes les merveilles que présente le monde » intellectuel et moral, dans les mêmes lois ou » dans les mêmes propriétés qui déterminent » les mouvemens vitaux (1).

Dans plusieurs de ses mémoires, il établit que » la sensibilité physique est le dernier terme » auquel on arrive dans l'étude des phénomènes » de la vie, et dans la recherche méthodique » de leur véritable enchaînement ; que c'est » aussi le dernier résultat, ou, suivant la ma-» nière commune de parler, le principe le plus » général que fournit l'analyse des facultés in-» tellectuelles et des affections de l'âme; qu'ainsi » donc le physique et le moral se confondent

(1) P. XIII, XIV.

» à leur source; ou, pour mieux dire, que le
» moral n'est que le physique considéré sous
» certains points de vue plus particuliers (1) »;
» .... que l'homme est un; que tous les phé-
» nomènes qui font partie de son existence se
» rapportent les uns aux autres, etc. (2) ».

C'est ainsi qu'il pense « Que son ouvrage
» peut suggérer des idées plus justes de l'homme
» considéré sous les deux points de vue du phy-
» sique et du moral, dont tous les phénomènes
» se trouvent, par sa théorie, ramenés à un
» principe unique (3) ».

Mais ce n'est point assez, pour l'auteur des Rapports, de nous expliquer la nature des phénomènes intellectuels et moraux, il veut encore nous faire connaître, par l'anatomie, la substance qui pense, et par la physiologie, le secret le plus intime des opérations de la pensée.

« Pour se faire une idée juste, dit-il, des
» opérations dont résulte la pensée, il faut con-
» sidérer le cerveau comme un organe parti-
» culier, destiné spécialement à la produire;
» de même que l'estomac et les intestins à opérer

(1) Ouvrage cité, t. I, p. 40.

(2) Ouvrage cité, t. II, p. 15.

(3) Ouvrage cité, t. II, p. 373.

» la digestion, le foie à filtrer la bile, les paro-
» tides et les glandes maxillaires et sublingales
» à préparer les sucs salivaires. Les impressions,
» en arrivant au cerveau, le font entrer en ac-
» tivité, comme les alimens, en tombant dans
» l'estomac, l'excitent à la sécrétion plus abon-
» dante du suc gastrique et aux mouvemens
» qui favorisent leur propre dissolution. La
» fonction propre de l'un est de percevoir
» chaque impression particulière, d'y attacher
» des signes, de combiner les différentes im-
» pressions, de les comparer entre elles, d'en
» tirer des jugemens et des déterminations;
» comme la fonction de l'autre est d'agir sur les
» substances nutritives dont la présence le sti-
» mule, de les dissoudre, d'en assimiler les
» sucs à notre nature.

» Dira-t-on, continue-t-il, que les mouve-
» mens organiques par lesquels s'exécutent les
» fonctions du cerveau nous sont inconnus?
» mais l'action par laquelle les nerfs de l'es-
» tomac déterminent les opérations différentes
» qui constituent la digestion; mais la manière
» dont ils imprègnent le suc gastrique de la
» puissance dissolvante la plus active ne se dé-
» robent pas moins à nos recherches. Nous
» voyons les alimens tomber dans ce viscère avec
» les qualités qui leur sont propres; nous les en

» voyons sortir avec des qualités nouvelles, et » nous concluons qu'il leur a véritablement fait » subir cette altération. Nous voyons également » les impressions arriver au cerveau par l'en» tremise des nerfs : elles sont alors isolées et » sans cohérence. Le viscère entre en action, » il agit sur elles, et bientôt il les renvoie » métamorphosées en idées, que le langage » de la physionomie et du geste, ou les signes de » la parole et de l'écriture, manifestent au de» hors : nous concluons, avec la même certi» tude, que le cerveau digère, en quelque » sorte, les impressions; qu'il fait organique» ment la sécrétion de la pensée (1) ».

Nous avons vu que, suivant la doctrine d'*Epicure* enseignée par *Lucrèce*, *l'âme est d'une nature corporelle, et qu'ainsi elle doit participer à la mort du corps*. Poursuivons notre dessein, et mettant à part les différences dans l'expression qui tiennent au perfectionnement du langage physiologique moderne, dont a profité l'auteur des Rapports, montrons que sa théorie se réduit exactement à ces mêmes principes.

Et d'abord que *l'âme est de la nature du corps :* c'est la proposition à laquelle tendent tous les raisonnemens de notre auteur. Que signi-

---

(1) Ouvrage cité, t. 1, p. 152, 153, 154.

fient en effet ces expressions ; que *la source première de toutes les merveilles du monde intellectuel et moral se retrouve dans les mêmes propriétés qui déterminent les mouvemens vitaux*? sinon que les opérations de l'âme, ainsi que tous les phénomènes de la vie, sont le résultat des propriétés de la matière vivante; et ce principe : que *l'homme est un....* que *le moral n'est que le physique considéré sous certains points de vue plus particuliers*, que signifie-t-il ? sinon que l'homme n'est que corps, et que les phénomènes moraux, comme les physiques, ne sont que de simples modifications des propriétés de ce même corps.

Mais d'ailleurs, l'auteur des Rapports a eu le soin de nous découvrir sa pensée toute entière. Il nous a dit : que la fonction du *cerveau* est de percevoir chaque impression particulière, d'y attacher des signes, de combiner les différentes impressions, de les comparer entre elles, d'en tirer des jugemens et des déterminations; c'est-à-dire que, suivant lui, c'est le cerveau qui pense et qui veut. Et, afin que nous ne doutions nullement que c'est ainsi qu'il l'entend, il s'est expliqué, en disant que cet organe sécrète la pensée, comme le foie filtre la bile, comme l'estomac opère la digestion, etc. Or, en établissant que la substance pensante est le cerveau, notre auteur se trouve d'accord avec *Lucrèce*, qui avait dit que ce principe de nos actions auquel nous donnons le nom d'*intelligence*, est une partie de notre corps aussi réelle que les mains, les pieds et les yeux. La seule différence qui se trouve entre l'assertion du poète épicurien et celle du philosophe médecin, c'est que le premier se borne à assimiler le principe de l'intelligence à des parties corporelles, et que le second, plus avancé dans l'anatomie et la physiologie, détermine avec un appareil scientifique quelle est cette partie qui *opère organiquement la sécrétion de la pensée.*

Quant à ce second point du matérialisme de Lucrèce : que *l'âme doit participer à la mort du corps ;* qui ne voit que cette conséquence est implicitement comprise dans la théorie anatomique de la pensée qui est propre à l'auteur des Rapports ? Car, si le cerveau est la substance pensante, il est évident que cette substance se corrompt, meurt et se dissout comme tous les autres organes.

La philosophie épicurienne, suivant l'exposition que nous venons d'en faire, se compose donc de l'athéisme, du fatalisme et du matérialisme. Avec des principes aussi contraires aux notions morales, sera-t-il possible de trouver une base à la moralité des actions humaines ?

D'une part, l'idée de Dieu est bannie du monde physique, et la loi de Dieu devient étrangère au monde moral ; d'autre part, l'homme est réduit à la nature matérielle, et les lois de la conscience sont anéanties : où se trouvera donc la règle des devoirs ? Etrange abus de l'esprit de système ! Elle ne pourra se trouver que dans la nature de l'homme physique, puisque c'est par cette seule nature qu'on explique tous les phénomènes de l'homme moral.

« *Epicure*, suivant l'auteur des Rapports » (et on le sait d'ailleurs), fonda la morale » sur la nature physique de l'homme (1) ».

Or, c'est cette même doctrine que professe le philosophe moderne. « C'est peu, dit-il, que la » physique de l'homme fournisse les bases de » la philosophie rationnelle, il faut qu'elle four- » nisse encore celles de la morale; la saine raison » ne peut les chercher ailleurs (2) » ; ce qu'il a soin de nous expliquer par sa théorie du matérialisme, lorsqu'il dit : « A mesure que nous » avançons dans cet examen (des rapports du » physique et du moral), nous avons occasion » de nous assurer de plus en plus que les deux » grandes modifications de l'existence humaine

(1) Ouvrage cité, t. 1, p. 32.

(2) Ouvrage cité, t. 1, p. 70, 71.

» se touchent et se confondent par une foule de
» points correspondans. Ce qui nous reste à
» dire achèvera de prouver, avec la dernière
» évidence, que l'une et l'autre se rapportent
» à une base commune ; que les opérations dé-
» signées sous le nom de *morales* résultent
» directement, comme celles qu'on appelle *phy-*
» *siques*, de l'*action*, soit de certains organes
» particuliers, soit de l'ensemble du système
» vivant ; et que tous les phénomènes de l'intel-
» ligence et de la volonté prennent leur source
» dans l'état primitif ou accidentel de l'organi-
» sation, aussi-bien que les autres fonctions
» vitales et les divers mouvemens dont elles se
» composent, ou qui sont leur résultat le plus
» prochain.

» En simplifiant le système de l'homme, ces
» vues et ces conclusions l'éclaircissent beau-
» coup ; elles écartent un grand nombre d'idées
» fausses ; elles montrent nettement au philo-
» sophe observateur le véritable objet de ses
» recherches ; elles offrent à l'idéologiste des
» points d'appui plus visibles, sur lesquels il
» peut, avec toute certitude, asseoir les résul-
» tats de ses analyses rationnelles ; enfin, elles
» indiquent *au moraliste les bases plus soli-*
» *des sur lesquelles il peut fonder toutes ses*
» *leçons* ; car, en partant de l'organisation hu-

» maine, en déterminant les besoins et les fa-
» cultés qu'elle fait naître, il peut rendre, pour
» ainsi dire, palpables les motifs de toutes les
» règles qu'il trace; il pourrait encore prouver
» et faire sentir d'une manière évidente que
» l'accomplissement des devoirs les plus sévères,
» que les actes du plus généreux dévouement,
» sont étroitement liés, quand la raison les im-
» pose, *à l'intérêt direct et au bonheur* de celui
» qui les pratique; et que les habitudes fortes
» et vertueuses en font alors pour lui un be-
» soin non moins impérieux que celui des
» vertus les plus paisibles de la vie com-
» mune, et des plus doux sentimens de l'huma-
» nité (1) ».

Mais nous sortirions de notre sujet si nous voulions suivre l'auteur des Rapports dans cette nouvelle carrière. Qu'il nous suffise d'avoir montré que les Epicuriens anciens et modernes s'accordent pour établir les bases de la morale sur la nature physique de l'homme, lorsqu'ils n'admettent pour règle des devoirs que le plaisir (comme Epicure), *le bonheur ou l'intérêt personnel* (comme l'auteur des Rapports); car ces motifs se confondent tous également

(1) Ouvrage cité, t. II, p. 2, 3.

dans l'instinct purement animal de l'amour de soi.

Reconnaissons, en terminant ce parallèle, que l'épicurisme, invariable dans les temps anciens et modernes, est le plus conséquent de tous les faux systèmes, parce qu'il enchaîne dans un ordre analogue à celui des vérités morales l'ensemble des erreurs qui leur sont diamétralement opposées; aussi, comme ce n'est point par des contradictions et des inconséquences qu'il montre sa faiblesse, ce n'est que par ses fondemens établis sur des principes erronés ou absurdes qu'il faut l'attaquer pour le battre en ruine.

CHAPITRE II.

Orgueil des Philosophes modernes.

Nous croyons avoir démontré jusqu'à l'évidence que la philosophie régnante, dans les sciences physiologiques et médicales, n'est proprement que l'épicurisme. Nous aurions pu signaler ce système dans plus d'un livre classique de physiologie, de médecine et même de chirurgie; mais cette surabondance de preuves nous a paru inutile; il a dû nous suffire de choisir, pour notre dessein, l'ouvrage qui est généralement regardé comme le code le plus complet de la philosophie moderne appliquée à la science de l'homme.

C'est ce code qui fut *nationalisé* en France lorsque son auteur le soumit à la sanction de l'Institut, qu'il semblait considérer comme le *Sénat Conservateur* de la philosophie du siècle (1).

---

(1) « L'ouvrage (*des Rapports du physique et du* » *moral, etc.*,) est composé de douze Mémoires, dont les » six premiers ont été lus à l'Institut national dans le

« La postérité (disait-il, dans cette occa-
» sion, à cette compagnie), la postérité con-
» servera le souvenir des travaux de ces hommes
» respectables (les Encyclopédistes) unis pour
» combattre le fanatisme, et pour affaiblir du
» moins les effets de toutes les tyrannies; elle
» bénira les efforts de ces courageux amis de
» l'humanité; elle honorera des noms consacrés
» par cette lutte continuelle contre l'erreur;
» et parmi leurs bienfaits peut-être comptera-
» t-elle l'établissement de l'Institut national,
» dont ils semblent avoir fourni le plan. En
» effet, par la réunion de tous les talens et de
» tous les travaux, l'Institut peut être consi-
» déré comme une véritable Encyclopédie vi-
» vante; et secondé par l'influence du gou-
» vernement républicain, il peut devenir fa-

» courant de l'an IV, ou dans le commencement de l'an V;
» ils se trouvent imprimés dans les deux premiers vo-
» lumes du Recueil de cette illustre société (Classe des
» Sciences morales et politiques); les six derniers Mé-
» moires lui étaient également destinés, etc.... » (*Aver-tissement de l'Editeur des Rapports du physique et du moral de l'homme*).

On peut encore se rappeler que ce même ouvrage fut, dans le temps, présenté au Gouvernement qui n'est plus, comme digne de l'un des prix décennaux.

» cilement un foyer immortel de lumière et de » liberté (1) ».

Quand les philosophes modernes nous vantent leurs lumières avec tant d'ostentation, ont-ils bien pensé à la source dont elles émanent? ont-ils assez soigneusement examiné si c'est la beauté de leur système qui a pu produire en eux le sentiment d'un si noble orgueil? Ne se pourrait-il pas, au contraire, que ce fût l'orgueil qui eût enfanté leur système? et la définition que *Cicéron* a donnée des sophistes ne leur serait-elle pas applicable? *Sic enim appellabantur ii qui ostentationis aut quœstûs causâ, philosophantur* (2). Comment ont-ils pu tirer une si grande vanité de leur doctrine sans avoir le mérite de son invention? Comment ont-ils pu se croire les apôtres de la vérité en annonçant une philosophie qui fut, pour son inventeur, le résultat d'une physique absurde, dont nos connaissances positives nous feraient aujourd'hui rougir? Comment peuvent-ils se donner la mission de propagateurs des lumières, lorsqu'ils ne font qu'exhumer de la poussière de l'antiquité des théories confondues dans tous les siècles par

---

(1) Ouvrage cité, t. 1, p. 4.

(2) Cic., *Academ.*, 1. 23.

les plus beaux génies du paganisme et des temps modernes? A les entendre, la raison, la science et les lumières ne se trouvent que dans leur école; hors d'elle il n'y a que folie ou ignorance, barbarie ou erreurs; et c'est ainsi qu'usurpant les droits de la vérité, ils joignent à un orgueil sans motif la plus injuste intolérance.

Socrate fut-il donc un insensé parce qu'il sanctionna, par sa mort, une croyance sacrée que rejette l'épicurisme? Platon était-il un fanatique lorsqu'il ennoblissait, par la beauté et l'élévation de son génie, ce dogme objet de risée pour la secte qui n'invoque que la matière et le néant? Aristote était-il un esprit borné lorsque, reconnaissant la véritable nature des rapports qui se trouvent entre la conformation de la main et l'intelligence de l'homme, il détruisait un sophisme d'Anaxagore si analogue au fatalisme qu'Epicure devait enseigner dans la suite (1)? Cicéron montrait-il son igno-

---

(1) *Anaxagoras igitur, hominem prudentissimum omnium animalium esse ait, quoniam unus omnium, manus obtinet. Sed recta ratio exigit, ut, quoniam prudentissimus omnium est, ideò manus receperit. Manus enim instrumentum sunt.* Natura autem, ut homo prudens, ità tribuere solet cuique, rem quâ uti possit. *Rectiùs enim tibia dabitur perito tibiæ, quàm*

rance en réfutant, avec autant d'élégance que de raison, les principes d'*Epicure* et des sophistes de son temps? et Galien se déclarait-il l'ennemi de la science lorsque, dans son immortel ouvrage *sur l'usage des parties*, dévoilant les admirables convenances qui éclatent dans les rapports de nos organes avec leurs fonctions, il confondait à la fois l'ignorance d'Epicure, son atheïsme et son fatalisme; et qu'inspiré par les merveilles de l'organisation que l'anatomie découvrait à ses yeux, il adressait au créateur, dans le transport d'un saint enthousiasme, un hymne d'adoration et de reconnaissance (1)?

---

tibiam habenti, peritia tibiæ addetur. Rem enim minorem, majori potiorique, natura addidit, non majorem nobilioremque minori. Quòd si ità melius est, natura autem ex iis quæ fieri possunt, facere solet quod melius sit. Homo, non propter manus, prudentissimus est; sed quià prudentissimus omnium animalium est, ideò manus obtinet. *Qui enim prudentissimus est, rectè plurimis uti instrumentis potest. Manus autem esse videtur, non unum instrumentum, sed multa. Est enim, ut ità loquar, instrumentum antè instrumenta. Natura igitur ei qui artes plurimas recipere potest, manum reddidit quæ ad plura instrumenta utilis est.* (Aristot., *de Part. animal.*, lib. IV, c. X.)

(1) .... *At verò si de hujusmodi pecudibus.* (Galien désigne par cette expression les Epicuriens

Sans parler de la plupart des Pères de l'Eglise, qui nous ont laissé de si savantes réfutations des maximes épicuriennes, et qui n'en sont pas moins de grands hommes pour avoir été de saints personnages; dans les temps modernes, les plus grands génies parmi les philosophes et les géomètres, les *Bacon*, les *Newton*, les *Clarke*, les *Reid*, les *Leïbnitz*, les *Euler*, les *Descartes*, les *Pascal*, les *Bossuet*, les *Fénélon*, etc. conspiraient-ils, dans leurs nobles travaux, pour épaissir sur la tête du genre-humain

---

et les Sophistes qui affectaient de trouver des défectuosités dans l'organisation du corps humain) *plura verba fecero, melioris mentis homines meritò mihi fortè succenseant dicantque me polluere sacrum sermonem, quem ego conditoris nostri verum hymnum compono; existimoque in eo veram esse pietatem, non taurorum hecatombas ei plurimas sacrificari, et casias aliaque sexcenta odoramenta ac unguenta suffumigari; sed, si noverim ipse primus, deindè et aliis exposuerim, quænam sit ipsius sapientia, quæ virtus, quæ bonitas. Quod enim cultu conveniente exornare omnia, nihilque suis beneficiis privatum esse voluerit, id perfectissimæ bonitatis specimen esse statuo; et hac quidem ratione, ejus bonitas, hymnis nobis est celebranda. Hoc autem omne invenisse, quo pacto, omnia potissimùm adornarentur, summæ sapientiæ est; effecisse autem omnia, quæ voluit, virtutis est invictæ ac insuperabilis.* (GALEN., *de Usû partium*, lib. III.)

les ténèbres de la barbarie, lorsqu'ils donnaient des démonstrations si sublimes et si profondes des vérités contraires aux erreurs de l'épicurisme? Et, parmi les médecins et les naturalistes les plus éminens par leur génie ou leur savoir, les *Stahl*, les *Fred. Hoffmann*, les *Herm. Boerhaave*, les *Haller*, les *Bonet*, les *Deluc*, etc., en ont-ils moins agrandi le domaine de la médecine et des sciences naturelles, soit qu'ils aient fait servir les vérités physiques à la démonstration des vérités morales, soit qu'ils aient religieusement maintenu l'accord qui doit régner entre ces deux ordres de vérités?

Certes! une société aussi illustre en vaut bien une autre; et l'autorité de ces grands noms peut bien, sans désavantage, être opposée aux prétentions orgueilleuses des philosophes de nos jours.

Il faut le dire; l'épicurisme ancien peut trouver une sorte d'excuse dans les circonstances qui appartiennent à l'époque de sa naissance; et sa justification ne fait qu'aggraver les torts de la philosophie moderne. En effet, au temps d'Epicure, les sciences physiques, dans un état d'enfance, étaient dénaturées par l'erreur et les préjugés; la morale païenne se trouvait sans base, sans règle et sans motif; la licence de l'esprit et du cœur dut produire le déréglement des pensées; car *la vraie lumière* n'avait point encore lui sur le monde.

Mais, dans nos temps modernes, après que les puissances de l'intelligence et les affections du cœur eurent été développées et dirigées par le christianisme, après les conceptions immortelles de cette foule de génies qui avaient été l'honneur de la nature humaine et les maîtres du genre-humain, après les progrès étonnans qu'avaient faits les sciences physiques et naturelles, devait-on s'attendre à voir reproduire un système monstrueux qui avait été, même pour le paganisme, un sujet de scandale?.... Quand on pense que le fruit de tant de beaux exemples et de tant de sublimes leçons se trouve perdu pour nos contemporains, on a sujet de s'affliger sur la condition des hommes, et on cède à un sentiment d'humanité en combattant les sophismes d'une secte qui n'a marqué ses progrès au milieu de nous que par nos malheurs et nos désastres.

CHAPITRE III.

Méthodes artificieuses des Philosophes modernes.

Nous connaissons déjà la philosophie moderne dans l'ensemble de ses doctrines fondamentales qui frappent quelques esprits systématiques, par la rigueur avec laquelle les principes s'y trouvent liés aux conséquences; nous connaissons de plus l'excès de son orgueil, qui lui donne la puissance de subjuguer les caractères communs ou faibles; cherchons encore à découvrir les ruses de sa politique par lesquelles elle vient à bout de séduire les âmes simples et confiantes.

D'abord, pour égarer plus sûrement notre pensée, nos philosophes ne veulent ouvrir à notre entendement qu'une seule route au bout de laquelle nous ne pouvons rencontrer que l'erreur. Ainsi, par leur *idéologie*, ils réduisent toutes nos facultés à la sensibilité physique, toutes nos connaissances à des sensations transformées; et ils ne nous permettent que l'usage de nos sens externes, qui ne nous fournissant que les notions relatives à la substance étendue, ne peuvent nous faire reconnaître d'autre existence que celle des êtres matériels. Ils en usent ainsi pour nous empêcher d'avoir recours au témoignage du sentiment intime, sachant bien qu'avec les lumières de cette faculté intérieure, qui est la source de toute évidence, nous pourrions les déconcerter dès leurs premières leçons, en reconnaissant, par une simple réflexion sur nous-mêmes, la nature immatérielle de la substance pensante, et en nous élevant de la connaissance de notre pensée jusqu'à la conscience de l'auteur de notre être.

En effet, si on leur disait avec *Descartes : Je pense, donc je suis ;* et, si, développant ce premier principe, on ajoutait : « ce *moi* qui » pense est toujours le même, toujours in» divisible ; ce *moi* se connaît et connaît ses » opérations ; *je suis*, donc il est une cause éter» nelle de mon existence, et je sens que cette » conscience que j'ai de l'auteur de mon être » est une réflexion de la conscience que j'ai » de mon être même ». Le moyen alors qu'ils parvinssent à nous persuader que l'âme, substance simple et sans parties, est de la nature de la matière étendue et divisible dans toutes ses parties ; ou bien qu'elle n'est qu'une faculté, et que c'est le cerveau lui-même qui est ce *moi* qui pense et qui se connaît, qui a le sentiment réfléchi de sa personnalité, en même temps que la connaissance de ses opérations? Le moyen de nous faire croire que les forces brutes et aveugles de la matière sont la cause première de l'existence de cet être intelligent qui se connaît en nous? Le moyen, en un mot, de nous initier dans leurs théories désolantes du matérialisme et de l'athéisme?

Ensuite lorsque, par cette *idéologie* trompeuse et sensuelle, ils ont ainsi disposé nos esprits à recevoir de confiance les principes qu'ils veulent nous enseigner, ils emploient les ressources de leur art à nous en donner la démonstration par des méthodes non moins insidieuses.

A cet effet, ils adoptent quelquefois des erreurs physiques qui leur sont indispensables pour la défense des principes fondamentaux de leurs doctrines; comme lorsqu'ils soutiennent l'hypothèse absurde des générations spontanées pour avoir le prétexte de rejeter le dogme d'une création.

D'autres fois ils sauront donner aux faits les plus positifs les interprétations les plus fausses: c'est ainsi que, dans l'exposition des lois anatomiques, s'il s'agit d'expliquer la nature des rapports qui existent entre les organes et les fonctions, ils se garderont bien de reconnaître les convenances qui se manifestent entre les moyens employés et les fins à obtenir, parce qu'ils aperçoivent à la suite de ce principe la conséquence qui serait inévitable en faveur du dogme qui proclame l'existence d'une intelligence créative; mais, mettant la fatalité à laplace de cette sagesse qui a approprié nos instrumens corporels à leurs divers usages, ilsferont dépendre de l'organisation l'exercice des fonctions par une nécessité absolue, pour nous insinuer l'idée de leur fatalisme, qui est le développement forcé de leur athéisme; ils nous soutiendront que ces faits et ces rapports sont parce qu'ils sont, pour ne pas convenir qu'ils sont parce qu'ils doivent être; ils nous enseigneront que la forme des organes détermine la nature des fonctions, pour nous empêcher de reconnaître que c'est au contraire la nature des fonctions qui détermine, par convenance, la forme des organes.

Le plus souvent c'est en tirant de fausses inductions des vérités physiques les plus communes qu'ils rendent leur méthode si pernicieuse. Par exemple, rien de plus avéré que, le cerveau se trouvant lésé, les fonctions de l'âme le sont également. Eh bien, de cette observation incontestable, nos médecins philosophes ont voulu déduire une conséquence qui n'est rien moins que l'expression des faits; ils ont conclu que *c'est le cerveau qui pense*, puisque ses lésions produisent celles des opérations de la pensée. Confondant ainsi le principe de l'intelligence avec son instrument, ils ont méconnu l'existence de l'être pensant, et n'ont reconnu que l'organe de la pensée; l'âme n'a été pour eux qu'une faculté du cerveau; et les opérations de l'âme n'ont été que les fonctions de cet organe.

Ils n'ont pas été arrêtés par cette idée dont le seul énoncé révolte le sens commun, que si c'est le cerveau qui pense, c'est donc le cerveau qui se connaît, qui connaît ses pensées, ses facultés, ses affections, ses volontés; que cet organe est ainsi ce *moi* intelligent, créateur de toutes les idées abstraites purement spirituelles, qui n'ont aucun archetype dans les objets matériels; ce *moi* moral qui se passionne d'amour pour le vrai, le beau et le bon; ce *moi* libre qui délibère sur les motifs et se détermine pour l'honnête ou le déshonnête, pour le crime ou pour la vertu. Ils n'ont pas senti que, dans l'impossibilité absolue où l'on se trouve d'admettre que le cerveau soit l'être pensant, il ne peut être rigoureusement que l'instrument de l'âme pour l'exercice de la pensée, et qu'alors il ne doit y avoir rien de plus naturel que la lésion des opérations de l'âme déterminée par celle de son instrument corporel, puisqu'il est si simple que les qualités d'un instrument aient une influence indirecte sur les opérations que l'on exécute par son moyen.

Les matérialistes étrangers à la médecine se sont bornés à déduire des mêmes faits l'hypothèse de la matérialité et de la mortalité de l'âme, sans appliquer à cette conclusion, une théorie physique remarquable. Ceux-ci n'ont pas moins refusé de se rendre à l'évidence qui nous montre la notion de la matière étendue et divisible incompatible avec celle de la substance pensante, simple et indivisible. L'ignorance volontaire de cette vérité première ne leur a point permis de reconnaître que l'idée de mort ou de dissolution ne pouvant se rapporter qu'à des substances composées de parties divisibles, ne saurait, sans impliquer contradiction, appartenir à la substance qui est sans étendue et sans parties; ils ont fermé les yeux à la lumière, ne voulant pas voir que, par cette distinction que nous fait faire le sens intime de la pensée, qui est l'essence de l'âme, et de l'action de l'organe dont celle-ci se sert pour l'exercice de la pensée, on évite toutes ces difficultés; qu'alors il devient aisé de comprendre que les maladies et la mortalité de l'organe ne prouvent rien contre la nature immatérielle et inaltérable de l'être pensant qui le fait servir à l'exercice de ses opérations ; de même que les défauts et la fragilité d'un instrument n'indiquent pas nécessairement les mêmes imperfections dans l'agent qui en fait usage (1).

---

(1) *Platon* définissait l'homme : une âme se servant d'un corps comme d'un instrument ; *homo est anima utens corpore ut instrumento. Aristote* a dit que le corps n'étant que l'instrument de l'âme, on ne peut attribuer qu'à l'instrument ce qu'on ne saurait attribuer à l'âme elle-même. (*Arist.* cité par *Batteux : Morale d'Epicure.*) *Bacon* pensait que l'âme est servie par ses organes comme un roi l'est par ses sujets ; et, par cette noble comparaison, il nous enseignait que le caractère sacré de cette royale majesté est ineffaçable, quoiqu'il puisse être méconnu et outragé par des sujets rebelles : *Si quis autem judicio infirmior existimet, istas corporis, in animam impressiones, aut immortalitatem animæ in dubium revocare, aut imperio animæ in corpus derogare ; levi dubitationi, leve responsum suffecerit. Exempla petat........ à monarchis qui licèt potentes, à servorum impetu, quandoque flectuntur, salvâ interim, majestate suâ regiâ.* (*De Augment. scient.*, lib. IV, cap. I.) *Gassendi*, dans son *Histoire de la Philosophie d'Epicure*, s'est servi, comme *Aristote*, du principe qui distingue l'âme de ses instrumens, pour réfuter les objections des Epicuriens contre le dogme de l'immatérialité de l'âme, etc., etc...

Cette même méthode des sophistes, qui consiste à associer l'erreur des conséquences à la vérité des faits, a été encore employée par les philosophes modernes, lorsque, de cette immense quantité d'observations qui démontrent l'influence réciproque du moral sur le physique, et du physique sur le moral, ils ont conclu *que l'homme est un*, *et que le moral n'est que le physique considéré sous certains points de vue plus particuliers.* Ici, comme ailleurs, les illusions de l'esprit de système les ont empêchés d'apercevoir que toutes leurs théories matérialistes sont et seront toujours en contradiction avec l'évidence même.

Soutenir, en effet, que *l'homme est un,* n'est-ce pas dire que l'essence de ce *moi* qui ne se dévoile que par la pensée, est la même que celle de ce corps qui s'offre à nos sens revêtu de toutes les qualités *tangibles* de la matière? N'est-ce pas vouloir faire croire que les propriétés vitales qui s'exercent sur nos organes sont de la nature de ces facultés qui n'opèrent que sur nos idées purement intellectuelles? et ajouter que *le moral n'est que le physique considéré sous certains points de vue,* n'est-ce point prétendre que les actes vitaux, sans conscience, qui se produisent dans notre corps, sont du même ordre que les opérations qui se passent dans notre esprit avec cette conscience qui se réfléchit sur elles-mêmes autant que sur l'être qui les produit? Est-ce donc avec une pareille confusion d'idées que l'on enseigne la vérité ?....... Convenons que, dans l'impossibilité où nous sommes d'adopter ces opinions insensées, nous ne pouvons encore ici nous dispenser de reconnaître cette distinction de l'âme, substance pensante, et du cerveau, organe de la pensée, si nous voulons nous former une idée claire et distincte des rapports réciproques du moral et du physique. Par ce principe simple et fécond, nous concevons en effet comment les affections du corps exercent une influence sur les opérations de l'âme, et comment l'âme, par ses affections, réagit à son tour sur le corps auquel elle est unie, puisque le moyen physique de ces actions réciproques se trouve dans l'action intermédiaire du cerveau et du système des nerfs. Quant au mode d'union de l'âme avec le corps, c'est là un de ces mystères de la création inaccessibles à notre faible intelligence. Chercher à pénétrer l'essence des lois primordiales de cette union, au lieu de nous borner à en étudier le résultat, serait une témérité qui nous égarerait dans les régions des chimères métaphysiques, ou nous exposerait à retomber dans les grossières absurdités du matérialisme.

CHAPITRE IV.

Effets des Méthodes artificieuses des Philosophes modernes.

Lorsque les sophistes tentent de fonder leurs erreurs morales sur des erreurs physiques, ils ont recours à un expédient qui ne peut soutenir une épreuve sévère, la simple observation suffisant pour le réduire à sa juste valeur.

Mais combien plus dangereux est leur artifice lorsqu'ils affectent de donner aux faits positifs de fausses interprétations morales, ou lorsqu'ils établissent des erreurs morales comme les résultats nécessaires des faits physiques les plus avérés et les plus communs! Quelle fatale garantie du succès dans la perfidie de ces derniers moyens! Ils incorporent, pour ainsi dire, l'erreur avec la vérité même, et présentent ensuite à des victimes sans défiance le poison mêlé avec les alimens dont elles doivent se nourrir.

Qu'on se représente une jeunesse avide de savoir, dans cet âge où les illusions de l'esprit rendent si faciles les égaremens du cœur, se livrant aveuglément à des instituteurs aussi habiles dans l'art de pervertir le jugement et de tormper l'intelligence: peut-on espérer que ces âmes neuves auront assez de force de conception pour distinguer, dans les théories qu'on leur présente, ce qui n'appartient qu'aux faits, d'avec les explications erronées que leurs maîtres identifient avec l'observation elle-même? Est-il raisonnable de penser que, dans ces systèmes, qui sont quelquefois habilement construits, ces jeunes esprits sans expérience sauront démêler le positif et le vrai de la science d'avec la fausseté et l'arbitraire des inductions? et, d'un autre côté, pour peu que l'on suppose de paresse ou de médiocrité dans l'entendement du disciple, peut-on s'empêcher de craindre qu'il ne s'approprie sans examen des principes qu'on a raisonnés pour lui, dans l'impuissance où il est de les raisonner lui-même, surtout si l'on considère que la célébrité des maîtres ne devient que trop souvent la garantie de leur infaillibilité? Nous pouvons, sur cette matière, nous en rapporter au témoignage d'un savant des plus distingués de notre siècle: « Les embûches des sciences,

» dit *Deluc*, sont les plus dangereuses, en ce » que la plupart des hommes sont hors d'état » de se tirer de ce labyrinthe (1) ».

Quels seront les effets de ces inévitables difficultés sur ceux-mêmes dont la première éducation morale aura été soignée? Il naîtra d'abord en eux un dégoût de tous ces objets de spéculation, qu'ils sentiront ne pouvoir concilier avec la rigueur de leurs principes; ils auront ensuite à soutenir des combats intérieurs entre leur conscience alarmée et leur amour-propre séduit par ce qu'on appelle *science*. Entraînés à la fin par le desir si naturel de connaître, ils oseront se confier aux lumières trompeuses de leurs guides, et bientôt le doute avec ses perplexités viendra les punir de leur imprudence. Mais cet état penible est trop incompatible avec l'ardeur de leur âge; au *scepticisme* va succéder l'*épicurisme*; dès ce moment les salutaires leçons de leur enfance sont oubliées ou méconnues; les dernières traces des vérités morales sont effacées de leur esprit; la candeur et l'innocence ne sont plus que les victimes de l'erreur.

---

(1) Lettres physiques et morales sur l'Hist. natur. de la Terre et de l'Homme, t. 1, p. 50.

CHAPITRE V.

Conclusion. Nécessité d'une restauration de la Philosophie des Sciences.

MAINTENANT que *l'affreux athéisme est devenu la grande hérésie du monde* (1), et que la philosophie moderne a su pousser à bout ses artifices pour propager indéfiniment ses doctrines et les perpétuer dans la succession des générations naissantes, les gouvernemens sentiront de plus en plus la nécessité d'appliquer leurs soins à l'éducation morale de la jeunesse; ils ne cesseront de faire le plus noble usage de leur autorité, en protégeant et encourageant la religion, seul fondement solide de la puissance et de la prospérité des Etats. Ces grands moyens, convenablement dirigés, auront sans doute une salutaire influence sur la régénération morale des peuples; mais ne craignons pas d'avouer qu'ils seront insuffisans, si l'on ne fait concourir avec eux *la restauration de la philosophie des sciences*.

---

(1) NICOLE, *Lettres, etc....*

Que l'on considère en effet que celles-ci sont devenues un des premiers besoins des nations civilisées, et que les savans forment une sorte de corps constitué dans l'Etat. Si on laisse donc subsister encore cette opposition invincible entre l'épicurisme des *lettrés*, qui donnent toujours le ton aux gens du monde, et les principes de la morale publique que l'on ne maintient qu'avec tant d'efforts, ne peut-on pas prévoir qu'indépendamment de la doctrine *exotérique* ou extérieure des gouvernemens et des peuples, qui ne sera que de pure démonstration, il en existera toujours une autre essentiellement corruptrice, *ésotérique* ou toute intérieure, pour les gens qui, par les prétentions de leur faux savoir, croiront se mettre au-dessus du vulgaire? Qu'ainsi une fermentation intestine continuant d'agiter les élémens du corps social, celui-ci portera toujours dans son sein un mal caché qui minera sourdement sa constitution, et le menacera à tout instant d'une dissolution peut-être inévitable; car l'ordre éternel de la providence est immuable, et les mêmes causes y sont toujours suivies des mêmes effets (1).

---

(1) L'épicurisme perdit les anciens Etats de la Grèce, et il accéléra la décadence de la république romaine.

« Je crois, dit *Montesquieu*, que la secte d'*Épicure*, » qui s'introduisit à Rome sur la fin de la république, » contribua beaucoup à gâter le cœur et l'esprit des » Romains. Les Grecs en avaient été infatués avant eux : » aussi avaient-ils été plus tôt corrompus. *Polybe* nous » dit que, de son temps, les sermens ne pouvaient donner » de la confiance pour un Grec, au lieu qu'un Romain » en était pour ainsi dire enchaîné. » (*Grandeur des Romains*, *etc.*, chap. x.)

De nos jours, cette philosophie a produit les maux de la France et du monde. Ce qu'elle a déjà fait, il est dans sa nature de le refaire encore et toujours.

La célèbre prédiction de Leïbnitz, justifiée, au bout d'un siècle, par les révolutions de notre temps, pourrait bien se vérifier encore tôt ou tard ; parce que, tant que les mêmes causes subsistent, il est naturel de s'attendre aux mêmes résultats. Il ne sera pas inutile de la mettre sous les yeux de nos lecteurs.

« Je sais, disait Leïbnitz, que d'excellens hommes » et bien intentionnés soutiennent que ces opinions » théoriques (qui vont contre la providence d'un Dieu » parfaitement sage et contre l'immortalité de nos âmes) » ont moins d'influence dans la pratique qu'on ne pense ; » et je sais aussi qu'il y a des personnes d'un excellent » naturel à qui les opinions ne feront jamais rien faire » d'indigne d'elles. D'ailleurs, ceux qui sont venus à » ces erreurs par la spéculation ont coutume d'être na- » turellement plus éloignés des vices dont le commun » des hommes est susceptible ; outre qu'ils ont soin de » la dignité de la secte où ils sont comme chefs ; et » l'on peut dire qu'*Epicure* et *Spinosa*, par exemple,

» ont mené une vie tout-à-fait exemplaire. Mais ces rai-
» sons cessent le plus souvent dans leurs disciples ou
» leurs imitateurs, qui, se croyant déchargés de l'im-
» portune crainte d'une providence surveillante et d'un
» avenir menaçant, lâchent la bride à leurs passions bru-
» tales, et tournent leur esprit à séduire et à corrompre
» les autres; et s'ils sont ambitieux et d'un naturel un peu
» dur, ils seront capables, pour leur plaisir ou leur
» avancement, de mettre le feu aux quatre coins de la
» terre; et j'en ai connu de cette trempe que la mort a
» enlevés.

» Je trouve même que des opinions approchantes s'in-
» sinuant peu à peu dans l'esprit des hommes du grand
» monde qui règlent les autres, et dont dépendent les
» affaires, et se glissant dans les livres à la mode, dispo-
» sent toutes choses à *la révolution générale dont l'Eu-*
» *rope est menacée*, et achèvent de détruire ce qui reste
» encore, dans le monde, des sentimens généreux des
» anciens Grecs et Romains, qui préféraient l'amour de
» la patrie et du bien public et le soin de la postérité à
» la fortune, et même à la vie. Ces *publick spirits*,
» comme les anglais les appellent, diminuent extrême-
» ment et ne sont plus à la mode; et ils cesseront davan-
» tage de l'être quand ils cesseront d'être soutenus par
» la bonne morale et par la vraie religion que la raison
» naturelle même nous enseigne.

» Les meilleurs du caractère opposé qui commence
» de régner n'ont plus d'autre principe que celui qu'ils
» appellent *de l'honneur*. Mais la marque de l'honnête
» homme et de l'homme d'honneur, chez eux, est seu-
» lement de ne faire aucune bassesse, comme ils la pren-

» nent; *et, si, pour la grandeur et par caprice, quel-*
» *qu'un versait un déluge de sang, s'il renversait tout*
» *sens dessus dessous, on compterait cela pour rien,*
» *et un Erostrate des anciens ou bien un don Juan*
» *dans le Festin de Pierre, passerait pour un héros.*

» On se moque hautement de l'amour de la patrie; » on tourne en ridicule ceux qui ont soin du public, et » *quand quelque homme bien intentionné parle de ce que* » *deviendra la postérité, on répond: alors comme alors.* » *Mais il pourra arriver à ces personnes d'éprouver* » *elles-mêmes les maux qu'elles croient réservés à* » *d'autres.* Si l'on se corrige encore de cette maladie » d'esprit épidémique dont les mauvais effets commen- » cent à être visibles, ces maux, peut-être, seront pré- » venus; mais si elle va croissant, la providence corri- » gera les hommes par la révolution même qui en doit » naître; car, quoi qu'il puisse arriver, *tout tournera* » *toujours pour le mieux en général, au bout du* » *compte,* quoique cela ne doive et ne puisse pas arriver » sans le châtiment de ceux qui ont contribué même au » bien, par leurs actions mauvaises. » (*Nouv. Essais sur l'Entendement humain*, in-4°, p. 429, 430.)

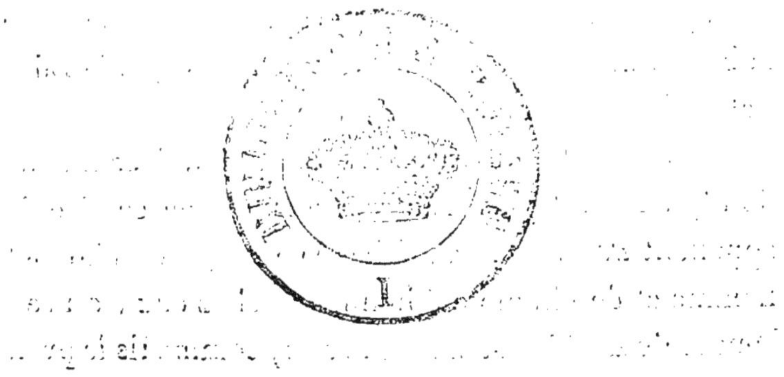

TABLE DES CHAPITRES.

FIN DE LA TABLE.

www.ingramcontent.com/pod-product-compliance
Ingram Content Group UK Ltd.
Pitfield, Milton Keynes, MK11 3LW, UK
UKHW022134190726
13855UKWH00003B/1146

9 782013 386821